Liz 27 18906

HISTOIRE

DE

SAINT SEVER

ÉVÊQUE D'AVRANCHES

ET DES ÉGLISES QUI ONT ÉTÉ ÉRIGÉES EN SON HONNEUR

DANS LA VILLE DE ROUEN.

DESCRIPTION

Pose de la première pierre et Bénédiction

DE LA NOUVELLE ÉGLISE SAINT-SEVER.

VENDU AU PROFIT DE LA NOUVELLE ÉGLISE.

PRIX : 1 FRANC.

CHEZ E. CAGNIARD, IMPRIMEUR DE LA PRÉFECTURE

Rues Saint-Sever, 77, et Percière, 29.

1860

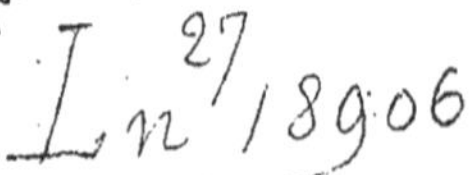

ÉGLISES SAINT - SEVER

(Ancienne et nouvelle).

1860.

Rouen, Lith. E. CAGNIARD.

HISTOIRE

DE

SAINT SEVER

ÉVÊQUE D'AVRANCHES

ET DES ÉGLISES QUI ONT ÉTÉ ÉRIGÉES EN SON HONNEUR

DANS LA VILLE DE ROUEN.

Au profit de la nouvelle église.

PRIX : 60 CENTIMES.

CHEZ E. CAGNIARD, IMPRIMEUR DE LA PRÉFECTURE

Rues Saint-Sever, 77, et Percière, 29.

1860

HISTOIRE DE SAINT SEVER

ÉVÊQUE D'AVRANCHES

Et des Églises qui ont été érigées en son honneur

DANS LA VILLE DE ROUEN (*).

Vie et mort de saint Sever. — Translation de ses reliques.

> Sainte Sion, célèbre par des chants
> solennels les louanges de Sever.
> *(Prose pour la Fête de saint Sever.)*

Rouen avait au commencement du IVe siècle un évêque qui fut canonisé sous le nom de saint Sever. Il serait dès lors naturel de penser que cet évêque est le patron de l'église qui, de temps immémorial, a été érigée dans notre ville sous ce vocable. Il n'en est cependant pas ainsi : le patron de l'Eglise de Rouen naquit près de Coutances, à la fin du Ve siècle ou dans les premières années du VIe, de parents pauvres, mais qui l'élevèrent dans la connaissance et la pratique de la religion chrétienne. Forcé, pour subvenir à son existence, d'entrer au service d'un riche seigneur idolâtre, nommé Corbecenus, dont les vastes domaines s'étendaient dans le Cotentin, le Bessin et la vallée de la Vire, c'est-à-dire dans une partie des départements actuels de la Manche et du Calvados, il fut, pendant sa jeunesse, occupé aux plus humbles travaux, et sut, au milieu d'une population païenne, conserver intact le dépôt de la foi. On raconte de lui des traits ingénus de piété et de charité. C'est ainsi qu'il aimait conduire les chevaux confiés à sa garde vers deux petites églises érigées dans les environs de la résidence de son maître, afin

---

(*) La première et la seconde parties de ce travail, écrites par M. Paul BAUDRY, sont tirées d'un Recueil destiné à la publication.　　　*(Note de l'Editeur.)*

d'accomplir ses devoirs religieux, sans négliger les obligations de son état, et qu'il lui arriva d'abandonner aux pauvres la presque totalité de ses vêtements, et, congédié pour ce fait, de demeurer ainsi, au plus fort de l'hiver, exposé à toutes les injures de la saison rigoureuse.

Touché de tant de vertus, Corbecenus se convertit au vrai Dieu, et rendit la liberté à son serviteur. Celui-ci se retira alors dans un bois que lui donna son ancien maître, y éleva une chapelle sous le titre de Notre-Dame, et y réunit, en 558, les éléments d'une communauté religieuse. Bientôt après, il entra dans le sacerdoce, et la réputation de sa sainteté se répandit si bien en dehors de sa retraite, malgré tout le soin qu'il avait de se tenir éloigné du monde, que le siége pontifical d'Avranches étant venu à vaquer, les habitants de cette ville l'obligèrent à devenir leur évêque.

Grand fut le bien qu'il accomplit pendant le cours de cet important ministère ; une extrême humilité, jointe à l'austérité la plus complète et au zèle le plus ardent, lui gagnait tous les cœurs et lui faisait remporter de continuelles victoires sur les ennemis de Jésus-Christ. Bientôt, cependant, affaibli par l'âge, il retourna dans sa chère solitude, qu'il n'avait abandonnée qu'avec les plus vifs regrets, et ce fut là, un jour que l'on croit être le 6 juillet 570, qu'il mourut et qu'il reçut la sépulture dans l'église même qu'il avait dédiée à la très sainte Vierge.

Les plus éclatants miracles illustrèrent son tombeau, comme auparavant déjà ils avaient fait connaître à la terre les mérites exceptionnels de sa vie bénie de Dieu. Mais, trois siècles plus tard, les Normands vinrent, sous la conduite d'Hasting, jeter l'effroi sur les côtes de la Neustrie, brûlant et pillant tout ce qui se trouvait sur leur passage ; l'église et le monastère de Saint-Sever furent enveloppés dans la ruine générale. Toutefois, la mémoire du saint évêque ne se perdit pas pour cela ; et lorsque, à la suite de Rollon, la nation conquérante eut embrassé le christianisme et relevé les temples qu'elle avait précédemment brûlés, une chapelle provisoire des plus simples, construite avec les faibles ressources dont on pouvait disposer, parut de nouveau à la place où, d'après le témoignage populaire, reposaient toujours les restes de l'évêque d'Avranches. Un seul prêtre fut chargé de la desservir.

Or, vers la fin du xe siècle, deux prêtres de Rouen qui se rendaient en pèlerinage à l'abbaye du Mont-Saint-Michel, étant venus à passer près de là, s'affligèrent de voir le peu d'honneur que l'on rendait à des restes si vénérables, et conçurent la pensée de les emporter avec eux. Dans ce but, ils s'adressèrent au duc de Normandie, Richard Ier, pour le prier d'en autoriser la translation ; et, ayant obtenu le consentement du prince, ils exhumèrent les saintes reliques et se dirigèrent vers la capitale de la Neustrie.

Le trajet à parcourir était long et difficile. Chaque soir, on s'arrêtait dans une ville ou dans une bourgade, on allumait plusieurs flambeaux autour du corps, et ceux qui le portaient et composaient l'escorte veillaient alternativement. Le lendemain matin, dit la chronique, lorsqu'on voulait continuer la marche, la châsse qui renfermait le précieux dépôt se trouvait si pesante qu'il était humainement impossible de la soulever avant d'avoir fait la promesse d'édifier, au même lieu, une chapelle en l'honneur du saint évêque.

Cette merveille se renouvela à trois mille pas environ de Rouen. On s'était reposé dans le bourg d'Emendreville, qui prit, depuis, le nom de faubourg Saint-Sever, et on avait, suivant toutes les apparences, fait halte dans une petite chapelle déjà existante antérieurement au xe siècle ; puis, avant de traverser la Seine et de se rendre à la cathédrale, on était allé prévenir l'archevêque Robert de l'heureux succès du voyage ; et le pontife, à la tête de son clergé, se hâtait de venir processionnellement recevoir les saintes reliques.

Lorsqu'on fut arrivé au lieu où elles étaient déposées, suivant ce que rapporte un manuscrit de 1743, lequel nous paraît être entièrement conforme au texte latin des Bollandistes, le prélat, après s'être mis quelque temps en oraison, voulut avoir l'hon-

neur de les lever pour les transférer dans son église métropo-
litaine ; mais il fut bien étonné quand il ne put remuer seulement le cercueil. Il invita ses premiers ecclésiastiques à lui
venir en aide, et toutes leurs mains unies n'eurent point assez
de force pour l'ébranler. Le trouble et la crainte l'avaient déjà
saisi, quand un des députés l'avertit de tout ce qui s'était passé
dans le voyage, et l'instruisit de la manière dont le saint voulait être honoré. Alors l'archevêque, revenant de sa crainte et
de son étonnement, fit sur-le-champ une donation de ce qui était
nécessaire pour bâtir sur le lieu une église en l'honneur de
saint Sever, et confirma sa promesse par serment. Le prélat,
ayant ensuite levé le corps avec facilité, on prit le chemin de
la ville, d'où une grande multitude de personnes, de toutes
conditions, descendit au devant du saint que Dieu leur donnait
pour patron, et ainsi on le porta dans l'église primatiale avec
mille acclamations de joie mêlées de psaumes et cantiques.

Ceci se passait le 1er février 990.

Les restes de saint Sever furent exposés à la vénération des
fidèles dans la nef de la cathédrale, dont les travaux d'agran-
dissement, commencés à cette époque par le duc Richard,
devaient être bientôt poursuivis par l'archevêque Robert et
par son successeur l'archevêque Maurile. A la fin du xıe siècle,
on détacha un fragment des reliques pour le donner à une
abbaye de l'ordre de saint Benoît, qu'un vicomte d'Avranches,
nommé Hugues, venait de rétablir dans le diocèse de Coutances, sous l'invocation de Marie et de saint Sever, et dont
les débris se voient encore aujourd'hui dans le département
du Calvados, à peu de distance de Vire.

Le corps du bienheureux évêque fut de nouveau divisé dans
la suite ; et, au xıie ou xıiie siècle, on en déposa la plus considérable partie dans un reliquaire magnifique que le chanoine
Drogon de Trubleville donna au trésor de la cathédrale,
et qui est actuellement conservé dans notre musée départe-
mental d'antiquités. D'après la description du catalogue même
de ce musée, le reliquaire a la forme d'une église en croix ;

il est en bois de chêne revêtu de lames de cuivre dorées et argentées, à dessins estampés, et garni de bordures ornées de cristaux colorés. Des ornements, en forme de roses, enrichis de cristaux et dorés, en garnissent les huit panneaux. Sur les quatre portails sont placés autant de figures d'évêques argentées. Celle de saint Sever, qui est dorée, domine la partie centrale de la châsse. (1)

Enfin, lorsqu'au xiiie siècle la cathédrale eut été entièrement reconstruite, et que, dans le siècle suivant, les bas côtés de la nef furent flanqués de chapelles, une de celles-ci fut consacrée à l'évêque d'Avranches, et des vitraux, qui nous sont parvenus, y retracèrent les principaux traits de sa vie. Puis, tous les ans, jusqu'au xviiie siècle, l'usage se conserva de faire prononcer son panégyrique au jour anniversaire de sa translation. C'était du haut de l'ancien jubé de la métropole que parlait le prédicateur, qui avait près de lui les reliques du saint entourées d'un riche luminaire. Dès le matin, les habitants du faubourg Saint-Sever accouraient en foule pour entendre l'éloge de leur patron, après quoi ils retournaient le fêter eux-mêmes dans leur église paroissiale, où les religieux de Bonne-Nouvelle, qui en avaient la cure, devaient ce jour là venir officier et prêcher.

Les anciennes églises de Saint-Sever.

> ...... Maison de votre sainteté et de votre gloire, où vous ont loué nos pères !
> (*Office de l'Avent.*)

Nous ne savons rien de l'église que l'archevêque Robert fit élever au bourg d'Emendreville, en exécution de sa solennelle promesse ; mais il y a tout lieu de croire qu'un tel édifice, dû aux libéralités d'un généreux prélat et conçu sous la

---

(1) M. A. Deville a publié une notice spéciale, avec une planche, sur cette châsse, et il y a joint l'inscription qui est gravée sur le socle. Les cinq figures et les ornements en ro appliqués sur le toit et les parois sont une restitution moderne, en carton-pâte.

noble et sévère inspiration de l'architecture romane, devait être des plus remarquables du temps. Les détails d'une pierre trouvée dans des fouilles récentes peut ensuite reporter au xIII^e siècle, ou plus vraisemblablement au xIV^e, l'une des reconstructions, soit partielles, soit totales, qui suivirent la primitive fondation. Quoiqu'il en soit de son histoire avant le xve siècle, il est probable que, vers cette époque, c'est-à-dire au moment de l'invasion anglaise, l'église de Saint-Sever fut détruite de fond en comble, puisqu'une ordonnance de la reine Isabelle, régente de France, en date du 30 janvier 1417, enjoignit au capitaine et au bailli de Rouen de visiter les faubourgs de la ville et de faire démolir les églises, châteaux et autres *êtres* qui, hors d'état de résister à l'ennemi, pourraient lui offrir un asile.

Ce qui est hors de doute, c'est que le vieux monument que nous allons voir disparaître ne conservait plus aucun souvenir de celui qu'avait élevé l'archevêque Robert. Ici, aucun intérêt au point de vue de l'art. Des murailles nues et sans ornement, des voûtes écrasées, des fenêtres privées de leurs meneaux en pierre, une large et courte nef, accompagnée d'une seule chapelle ou si l'on veut d'un seul collatéral gauche, un lourd clocher construit en 1617, et dominant à peine les mille cheminées d'usine qui l'entourent ; tel est, en effet, l'aspect général de cette église, qui ne justifie que trop ce qu'en a écrit le vicomte Walsh, qu'elle était la plus laide de Rouen. Pour ce qui est de son âge, s'il ressort difficilement aujourd'hui de l'ensemble d'un style défiguré d'ailleurs en bien des circonstances, l'inscription suivante, gravée en caractères gothiques sur une belle table de pierre, et que nous avons eu le bonheur de conserver, ne permet pas de le reporter au-delà du xvie siècle :

L'an de grâce mil cinq cens trente-huyt, le ving-septiesme jour de janvier, jour sainct Julien, reverend père en Dieu maistre Jehan Machonope, par la permission divine, évêque d'Yponne et docteur en théologie, suffragant de monseigneur George d'Amboise, archevesque de Rouen, dédia ceste présente église en l'honneur et revérence de Dieu et de monsieur Saint-Sever, hors le pont de Rouen, éstant pour lors curé maistre Richard Trinité, prêtre, chanoine de Cisieux, Guillaume Gosse, Georges Artus, Zacharie Abbida, parochiens thésauriers de la dicte église. Et à tous fidèles chrestiens qui depuis les premières vêpres de la dicte dédicasse jusques aux secondes, inclusivement, visiteront par dévotion ceste dicte église, et donneront de leurs biens, le dict évesque donne quarante jours de vray pardon. Priez Dieu pour luy.

Si l'église qui nous occupe n'a par elle-même rien qui lui mérite l'attention des archéologues, et si, à ce point de vue, sa démolition ne peut exciter dans le monde savant aucune pensée de regret, nous devons cependant mentionner tout particulièrement les quelques détails précieux qu'elle renfermait : d'abord, une toile largement touchée, peinte en 1746 par Deshays fils, et représentant l'évêque saint Cassien, dont on a fait depuis un saint Sever ; une chaire en bois, très délicatement sculptée, dans le style du commencement du XVIIe siècle, provenant de l'église Saint-Herbland de Rouen ; un maître-autel dont le contre-retable est rempli par le groupe doré du diacre saint Etienne porté au ciel par les anges, et qui a appartenu à l'ancienne église de Saint-Etienne-des-Tonne-liers ; puis, venant également de la même église, la pierre, chargée d'ornements de la renaissance, qui couvrait la tombe de Jeanne Callenge, femme de Claude Leroux, lequel, aux titres de seigneur du Bourgtheroulde et de conseiller au Parlement de Rouen, joignit la gloire d'avoir terminé le magnifique hôtel de la place de la Pucelle, commencé par son père en 1506 ; enfin, et d'un mérite bien supérieur à tout le reste, la pierre tumulaire, malheureusement fruste et sans inscription, du célèbre et vénérable Jean-Baptiste de La Salle, instituteur des Frères des Ecoles chrétiennes, qui reçut en ce lieu la sépulture, en 1719, en attendant que la chapelle de Saint-Yon, que construisaient alors les Frères, fût en état de le recevoir.

En dehors du caractère éminemment respectable que revêt, aux yeux du chrétien, toute église, si modeste qu'on la suppose, qui, pendant une longue suite d'années, a vu s'accomplir tant d'actes religieux, et servi d'asile au Dieu des autels, celle-ci se recommandait à la piété par une dévotion spéciale qui sera conservée dans la nouvelle église : nous voulons parler de la dévotion à saint Louis et à saint Marcou ou Marcouf. D'après une tradition locale, et que nous ne prétendons pas garantir, saint Marcou, moine et abbé, aurait reçu la sépulture dans une prairie voisine du couvent des Emmurées de Rouen, fondé par saint Louis, l'an 1269, et l'exhumation de ses restes aurait donné naissance à une source miraculeuse. Sa fête se célébrait autrefois le 1er mai dans le couvent des Jacobins de Lisieux, où une confrérie était érigée en son nom. C'est aussi principalement pendant le mois de mai qu'une grande affluence de malades et d'affligés vient à Saint-Sever implorer, avec une foi plus sincère et plus naïve peut-être que toujours parfaitement éclairée, l'intercession du saint moine. Les pèlerins font usage de l'eau qui provient, dit-on, de la source miraculeuse ; et plus d'une fois Dieu a permis que des guérisons aient eu lieu par des moyens que ne comprendront jamais l'indifférence ni l'incrédulité.

Remarquons, en terminant, que, par une combinaison heureuse et qui concilie tout ensemble les besoins d'une immense population et les touchants souvenirs d'une antique légende, l'église nouvelle de Saint-Sever a été réédifiée presque sur l'emplacement de sa devancière, c'est-à-dire dans le lieu le plus central de la paroisse, et à l'endroit que le saint évêque d'Avranches avait paru désigner, dès le xe siècle, pour qu'un sanctuaire y fût érigé à la gloire de Dieu et en souvenir de lui.

DESCRIPTION

DE LA

NOUVELLE ÉGLISE SAINT-SEVER.[1]

L'insuffisance de l'église Saint-Sever, unique paroisse d'un vaste faubourg dont la population sans cesse croissante atteint aujourd'hui le chiffre de dix-huit à vingt mille habitants, était depuis longtemps avérée ; on peut ajouter que la médiocrité de son architecture et la pauvreté de sa décoration intérieure en faisaient un temple peu digne de la solennité du culte dans une riche et populeuse cité. On réclamait donc, avec autant d'instance que de justice, la construction d'une nouvelle église pour remplacer l'ancienne, qui ne paraissait pas susceptible d'être agrandie ni améliorée ; mais ce vœu si légitime, quelque bien compris qu'il fût par l'Administration municipale, aurait pu subir encore, dans sa réalisation, un ajournement prolongé, si le dévouement du digne curé de cette paroisse, M. l'abbé Lefebvre, qui offrit de subvenir à la dépense pour une proportion assez considérable, n'avait contribué à hâter l'exécu- de cette généreuse entreprise.

La construction de l'église nouvelle fut donc décidée par l'Administration municipale en avril 1854, et les travaux commencèrent dès le mois d'août 1856, sous la direction de M. Vachot, architecte adjoint de la Mairie, auteur du projet. Cette construction était déjà passablement avancée lorsque, le 13 avril 1857, eut lieu la bénédiction et la pose de la première prière, dans une cérémonie solennelle à laquelle officiait pontificalement Mgr Blanquart de Bailleul, archevêque de Rouen, en présence des principales autorités civiles et mili-

---

(1) Cette notice est de M. A. POTTIER, qui l'a rédigée, pour cette publication, à la demande de M. le Curé de Saint-Sever.

taires de la cité. Une plaque de cuivre, portant une inscription commémorative de la cérémonie, et renfermée dans une boîte de plomb avec des spécimens de toutes les monnaies impériales actuelles, cuivre, argent et or, fut déposée dans une cavité ménagée à cet effet, au-dessous de la base du pilier de droite du portail principal.

Les travaux de construction, conduits avec une grande activité par M. Baron fils, entrepreneur, ont duré trois ans et demi, et ont coûté 530,000 fr. (1)

Le style de cette église est emprunté aux modèles du xvie siècle, à la période dite de la Renaissance. Ce choix a été principalement déterminé par un motif d'économie, le genre de construction de cette époque admettant l'emploi de la brique pour remplir, à l'extérieur, les intervalles des membrures de l'architecture, et cette substitution de la brique à la pierre de taille, pour de vastes surfaces, constituant une notable économie dans les frais de construction. Quelques admirateurs exclusifs du style gothique ont paru regretter l'adoption d'un style moins généralement répandu que celui qui est à leurs yeux le type de l'architecture religieuse. Ce n'est point ici le lieu de discuter cette grave question, qui aurait pour effet, si elle était décidée en faveur des partisans d'un style unique, de subordonner la pensée religieuse, l'inspiration catholique à la convenance de certaines formes architecturales, de frapper en quelque sorte d'interdit tout ce qui ne revêtirait pas cette livrée uniforme, et de convaincre d'incompatibilité avec sa sublime destination l'art chrétien pris à sa source la plus pure, et manifesté par tant de chefs-d'œuvre, depuis les basiliques de Constantin et de Théodose jusqu'au temple sans rival créé par le génie de Michel-Ange. Le sentiment religieux est au-

---

(1) Le chiffre mentionné dans le discours prononcé par M. le Maire de Rouen, lors de la cérémonie de la consécration de la nouvelle église, est sensiblement plus élevé que celui que nous énonçons, parce qu'il comprend, outre la construction, le prix d'acquisition du terrain sur lequel l'église est bâtie, et celui de la reconstruction du corps de garde voisin qui doit être transféré ailleurs.

dessus et en dehors de toutes les combinaisons de formes matérielles auxquelles on prétendrait l'assujétir ; envisagé dans son essence, lorsqu'on le sent naître en son âme à l'aspect d'un édifice consacré au culte, il résulte de la conscience qu'on a de la sainteté redoutable du lieu, et de l'impression que produit la noblesse et la grandeur des proportions employées, bien plutôt que de la disposition du plan et du caractère des détails. Un temple catholique est parfaitement approprié à sa destination lorsque, conforme dans son plan à certaines dispositions établies par l'usage, il offre, dans son ensemble, des proportions nobles assez heureusement combinées pour grandir encore par la perspective, des divisions simples et faciles à saisir, une ornementation sobrement distribuée et rigoureusement en harmonie avec les convenances de sa destination. Il serait facile de démontrer que la nouvelle église Saint-Sever, conçue et édifiée conformément à ces principes de toute véritable architecture religieuse, possède les qualités propres à cette forme élevée de l'art, et que, sans prétendre entrer en comparaison avec les deux ou trois grandes églises monumentales de notre cité, elle tiendra dignement sa place à la tête des dix ou douze autres qui viennent en second ordre ; non moins sainte, non moins vénérable pour la piété, après les bénédictions de l'éminent prélat qui vient de la consacrer, que la plupart de celles qui n'ont guère d'autre mérite que leur ancienneté.

Le plan de l'édifice est, comme nous l'avons dit, de M. Vachot, architecte adjoint de la Mairie, qui a dirigé les travaux avec autant d'intelligence que d'activité ; toute l'ornementation symbolique qui décore les portails, l'intérieur et les vitraux, a été déterminée par le pieux pasteur de la paroisse, M. l'abbé Lefebvre.

L'édifice est dirigé du nord au sud, l'exiguité du terrain, resserré par la rencontre de plusieurs rues, la convenance qu'il y avait à implanter l'édifice sur le sol même qui avait été sanctifié par la station des reliques du saint patron, et l'avan-

tage que présentait, pour l'effet monumental et la facilité de
l'accès, la situation de la façade regardant les deux voies principales du faubourg, n'ayant pas permis de s'astreindre à la
règle ancienne de l'orientation ; règle d'ailleurs souvent méconnue, même dès les temps les plus anciens, comme le témoigne l'antique église de Saint-Paul, au faubourg Martainville, laquelle était dirigée du sud au nord.

Le plan a la forme d'une croix latine, c'est-à-dire que le
vaisseau principal est croisé, vers les deux tiers de sa longueur, par une nef transversale appelée transept, qui forme
un double prolongement latéral. Ce transept a peu de saillie
à l'extérieur, et à l'intérieur, il n'existe pas, pour ainsi dire, à
la partie inférieure de l'église, tout son développement étant
occupé par deux sacristies et deux chapelles en partie fermées ;
mais il reprend une partie de sa profondeur à l'étage supérieur, en dépassant le toit des bas-côtés, et chacune de ses
extrémités est occupée, ainsi que l'extrémité antérieure de la
nef, par une grande rose ou fenêtre circulaire à meneaux
rayonnants.

Le vaisseau principal ou grande nef est accompagné, dans
toute sa longueur, par deux basses nefs ou collatéraux, qui se
terminent, au deux côtés de l'abside du sanctuaire, par deux
petites absides formant chapelles. L'intérieur est partagé, dans
le sens de sa longueur, par des travées ou divisions consistant
en arcades reposant sur des piliers. La longueur totale de l'édifice est l'équivalent de douze de ces travées de largeur égale,
sauf la dernière, au fond de l'abside, qui est un peu raccourcie.
La première travée comprend la base du clocher qui surmonte
la façade, et de chaque côté deux chapelles, dont celle des fonts
baptismaux ; les cinq travées suivantes forment la nef proprement dite. Le transept occupe l'espace de deux travées ; deux
autres forment le chœur, et les deux dernières, de proportion irrégulière, sont consacrées au sanctuaire. Cette disposition, qui fait dériver toutes les divisions de l'édifice d'une
mesure unique, et dont on retrouve l'application soit dans la

largeur le la nef qui est égale à deux travées, soit dans la largeur des bas-côtés qui mesure une seule de ces travées, est aussi ingénieuse au point de vue du calcul que favorable à le symétrie des parties et à l'harmonie de l'ensemble.

La longueur totale de l'édifice, à l'intérieur, est de 53^m 50 ; sa largeur, aux deux transepts, de 28^m 50 ; celle d'un mur à l'autre, dans les bas-côtés, de 18^m 90 , et celle de la nef, entre les piliers, de 7^m 90 ; enfin, la largeur des bas-côtés est de 4 mètres. Les dimensions hors-d'œuvre, c'est-à-dire de l'intérieur à l'extérieur, doivent être augmentées, pour chacune des trois premières divisions, de 3 mètres et quelques centimètres. La superficie totale à l'intérieur est d'à peu près 1,000 mètres. La hauteur de la nef, sous la voûte, est de 17 mètres, celle des bas-côtés de 8^m 60 ; la hauteur totale du clocher, depuis le sol jusqu'au sommet du coq qui surmonte la croix, est de 57 mètres

Toutes les fenêtres, tant de l'étage inférieur que de l'étage supérieur, offrent la même disposition ; elles sont cintrées au sommet et partagées en deux parties égales par un meneau qui supporte la retombée de deux petits arcs inscrits dans le grand. Un *oculus* ou compartiment circulaire, fixé au-dessus des deux petits arcs et les rattachant au cintre principal, complète cette disposition.

La façade, qui comprend l'élévation du clocher placé au centre, est divisée en plusieurs étages, nettement accusés par les entablements en pierres qui les séparent et qu'aident à faire valoir les remplissages en briques.

Le premier étage est limité par la hauteur des bas-côtés. Au centre se détache, avec une légère saillie, le grand portail qui s'ouvre sous une arcade cintrée, accompagnée de deux colonnes cannelées. Deux fenêtres, percées au milieu des deux parties latérales, correspondent à l'axe des bas-côtés. Le second étage comprend l'excédant de hauteur de la nef centrale, au-dessus des bas-côtés jusqu'à la naissance du toit. Cette partie, la plus décorée de tout l'édifice, est percée au

centre par la grande rose, eu avant de laquelle se détache
le couronnement du grand portail, consistant en un cintre
surmonté d'une accolade et d'ornements à jour ; ce cintre sert
d'encadrement à un bas-relief. Le troisième étage, qui figure le
pignon de l'édifice, est moindre en hauteur que les deux précé-
dents, son élévation étant limitée par celle du toit. Comme cet
étage sert en même temps de base au clocher, il présente, à son
centre, un grand compartiment carré sur lequel se détache un
cadran d'horloge, et le double rampant du toit est indiqué par
deux prolongements latéraux à pente supérieure inclinée.

Au-dessus de cet étage, qui complète la façade, s'élève le
clocher également divisé en trois étages, moins sa base qui
se confond avec l'étage précédent. Le premier étage, qui con-
tiendra les cloches, est de forme carrée et percé sur chaque
face d'une grande fenêtre cintrée, dont les divisions rappellent
celles des fenêtres de l'édifice. Le second étage sert de transi-
tion de la forme carrée à la forme octogonale ; il est décoré,
aux quatre angles, de forts clochetons servant d'appui à de
doubles contreforts, et percé, sur chaque face, de hautes fenêtres géminées, surmontées d'un fronton. Une élégante ba-
lustrade enceint sa base, et permettra de circuler autour. La
pyramide terminale, de forme octogone, est portée sur cet
étage ; elle est percée, à trois hauteurs différentes, de petites
lucarnes de forme ronde, au nombre total de douze, qui
rompent avantageusement, par leur légère saillie, la ligne
uniforme des arêtiers. Un riche bouton final, décoré de têtes
d'anges, termine cette pyramide, et sert d'implantation à la
croix en fer, délicatement ouvragée, que surmonte le coq em-
blématique, symbole de vigilance.

La façade principale est, en outre, décorée d'un certain
nombre de statues qu'il est à propos de désigner. Au centre,
au-dessus du portail principal, sous un cintre richement orné,
figure le patron de l'église, saint Sever, en costume épiscopal,
bénissant des groupes de pèlerins de tout âge qui viennent
humblement l'implorer. Sur les quatre piliers principaux de

l'étage inférieur se détachent autant de niches qui abritent quatre statues caractérisant les quatre vertus principales du ministère sacerdotal, indiquées par de courtes inscriptions : saint Charles-Borromée, archevêque de Milan, proclamant la nécessité de la discipline morale : DISCIPLINA VITÆ ; saint François de Sales, évêque de Genève, exprimant l'ardeur de la piété : SPIRITUS PIETATIS ; saint François-Xavier, l'apôtre des infidèles, symbolisant le zèle pour la conversion des âmes : ZELUS ANIMARUM ; enfin, saint Vincent de Paul, l'apôtre de la charité, offrant l'exemple de la compassion pour les abandonnés : VISCERA MISERICORDIÆ. Ces quatre statues et le groupe de saint Sever sont dus au ciseau de MM. Jean et Bonnet, sculpteurs à Rouen.

A l'étage au-dessus, sur les quatre montants qui divisent cette partie de la façade, sont représentés les quatre évangélistes, caractérisés par les quatre animaux symboliques dont ils sont ordinairement accompagnés : saint Mathieu, par un *homme* ou un enfant ailé ; saint Marc, par un *lion* ; saint Luc, par un *bœuf*, et saint Jean, par un *aigle*, conformément à ces vers de Sedulius :

Hoc *Matthæus* agens *Hominem* generaliter implet ;
Marcus alta fremit vox per deserta *Leonis* ;
Jura sacerdotis *Lucas* tenet ore *Juvenci* ;
More volans *Aquilæ* verbo petit astra *Johannes*.

Ces trois premières statues ont été exécutées par M. Matagrain, sculpteur à Rouen ; la quatrième, par M. Jean.

Au-dessus du cadran figure l'Agneau pascal qui symbolise la ville de Rouen.

Les deux portails latéraux, placés à chaque extrémité du transept, sont d'une disposition très simple, et n'offrent guère, pour décoration, qu'une statue placée au centre du fronton terminal : à l'est, sur la rue d'Elbeuf, la figure de saint Joseph, et à l'ouest, faisant face à la rue du Pré, la statue de la Vierge tenant l'enfant Jésus. La première de ces statues est de M. Matagrain, et la seconde de M. Guillou, sculpteur à Rouen. On se propose, toutefois, de sculpter plus tard, dans le tympan de la porte, un épisode de la translation des reliques de saint Sever. N'omettons pas de consigner ici que toutes les parties de sculpture purement ornementale, telles que chapiteaux, rosaces, vases surmontant les contreforts, frises, consoles et dais, sommet de la pyramide, etc., font le plus grand honneur, par la diversité de leurs types et le bon goût de leur composition, à M. Arsène Jouan, qui les a, pour la plupart, créées et exécutées.

Telle est, dans son ensemble architectural, au moment où s'accomplit la solennité de sa consécration, la nouvelle église de Saint-Sever. L'application hardie que l'achitecte a faite, dans sa construction, du système de mélange de la brique et de la pierre, d'abord pour réaliser une notable économie, et ensuite pour obtenir des contrastes évidemment utiles à l'effet, mérite, à notre avis, les plus justes éloges. On revient aujourd'hui de ce préjugé, entretenu par l'habitude, que la sévérité de l'art, en fait d'architecture et de monuments, exige l'unité au moins apparente de matériaux, et l'uniformité de la couleur. De toutes parts, dans les constructions nouvelles, en s'appuyant sur l'autorité d'innombrables exemples de tous les âges, on s'applique à étudier et à appliquer les effets heureux qui résultent du contraste des matériaux et de l'opposition des nuances. Au point de vue du pittoresque, l'avantage est incontestable ; mais il est un autre avantage auquel peut-être on ne songeait pas : c'est qu'à l'aspect de ces édifices, et pour peu qu'on les considère avec quelque attention, l'esprit se sent aussitôt vivement intéressé. En effet, ils s'expliquent d'eux-mêmes, et l'architecte a, pour ainsi dire, mis à nu et rendu évidents tous les secrets de sa science et toutes les combinaisons de son calcul. On voit immédiatement quelle est la distribution et la valeur des forces de soutènement ; on suit, dans tous leur développement et leurs contours, l'ordonnance des grandes lignes qui divisent l'ensemble ; on découvre, en un mot, la charpente nécessaire, là où d'ordinaire on s'habituait à n'envisager que des surfaces, relevées de saillies et de bossages de fantaisie.

Le mobilier de l'église et les accessoires de décoration intérieure étant encore en grande partie à créer, nous n'avons point à nous en occuper ici ; nous mentionnerons cependant les vitraux, quoique toutes les fenêtres n'aient pas encore reçu cet ornement indispensable. Des raisons d'économie ont fait adopter, pour la nef, le système de vitrerie du genre arabesque qu'on appelle communément *grisaille*, quoique les couleurs les plus vives jouent parfois, comme dans cette circonstance, un rôle important dans ces motifs de broderie. L'art de la peinture sur verre, pendant le xvie siècle, prodigue de ses richesses les plus splendides, nous a plutôt laissé des tableaux à sujets que des motifs de pure fantaisie, de sorte qu'il y avait peu de modèles à reproduire ; mais, en empruntant aux autres arts d'ornement l'esprit de ces combinaisons gracieuses qui furent une des gloires de cette même époque, l'artiste, M. Gustave Drouin, peintre-verrier à Rouen, a réussi à créer une décoration d'un vif éclat et à tirer, d'un petit nombre de dispositions, au moyen du changement de quelques couleurs, une variété d'effets en quelque sorte inépuisable.

La décoration des trois grandes roses se rattache à ce genre de pure fantaisie ; toutefois, les motifs, empruntés à d'autres types que ceux des fenêtres de la nef, ne participent plus du genre *grisaille*, mais rappellent plutôt, par l'effet vigoureux de leurs couleurs et l'entrelacement de leurs larges rinceaux, les éclatantes compositions que les artistes du xvie siècle ont consacrées à la représentation de l'Arbre de Jessé. La rose du grand portail, décorée à son centre du chiffre impérial, a été donnée par l'Empereur ; celle du portail latéral de gauche, en regardant le chœur, par Mg^r Blanquart de Bailleul, dernier archevêque de Rouen, et celle du portail de droite, par Mg^r de Bonnechose, archevêque actuel. Ces trois roses ont été également composées par M. G. Drouin, peintre-verrier à Rouen.

Le sanctuaire est éclairé par cinq hautes verrières qui toutes ont reçu ou vont recevoir pour décoration des figures de grande proportion. L'ensemble de ces personnages, complété par le tableau de la verrière centrale, figurera la *Cour céleste.* Au centre, la *Trinité,* représentée par deux des personnes divines, le *Père* et le *Fils,* sur lesquels plane le *Saint-Esprit* en forme de colombe, trône dans son impassible majesté. A ses pieds, la Vierge agenouillée représente l'intercession active et incessante de cette puissante médiatrice des humains. Dans les quatre verrières, de droite et de gauche, sont figurés, chacun par un saint personnage, les *huit ordres* d'élus qui composent la *Cour céleste,* dans la succession suivante, en regardant le sanctuaire et à partir du fond :

A gauche :

Les APÔTRES : Saint Pierre.
Les PONTIFES : Saint Romain.
Les RELIGIEUX : Saint Paul, ermite.
Les VIERGES : Sainte Austreberthe.

A droite :

Les MARTYRS : Saint Étienne.
Les DOCTEURS, PRÊTRES ET LÉVITES : Saint Jérôme.
Les LAÏQUES : Saint Louis.
Les SAINTES FEMMES : Sainte Clotilde.

Tout cet ensemble, également composé et exécuté par M. G. Drouin, fait le plus grand honneur à ce peintre consciencieux.

Le pavage de l'église consiste dans un carrelage en marbre, à carreaux alternants, en forme de damier. Le carrelage du chœur est en marbre blanc et noir ; celui de la nef, en marbre de Boulogne, blanc jaunâtre et brun foncé.

BÉNÉDICTION

DE LA NOUVELLE ÉGLISE.

L'an 1860, le samedi 26 mai, veille de la Pentecôte, a eû lieu la bénédiction de la nouvelle église de Saint-Sever, en présence d'un nombreux concours de fidèles, désireux d'assister à cette pieuse et intéressante cérémonie.

A une heure et demie, M. Verdrel, maire de Rouen, est entré, avec ses adjoints et un grand nombre de membres du Conseil municipal, dans le chœur de l'ancienne église, où étaient déjà réunis beaucoup d'autres notabilités et autorités civiles et militaires, plusieurs curés de la ville, les membres de la Fabrique et des représentants des Sociétés savantes. Le clergé de la paroisse s'est alors rendu processionnellement au presbytère pour y prendre Mgr de Bonnechose, archevêque de Rouen, qui devait procéder à la bénédiction de l'église, et qui est venu, accompagné de ses grands vicaires, M. l'abbé Caumont et M. l'abbé Delahaye ; de M. l'abbé Picard, archiprêtre de la Métropole, et de plusieurs autres ecclésiastiques.

Dès que Sa Grandeur eût occupé la place qui lui était préparée, M. le Maire a, au milieu de l'attention générale, prononcé le discours suivant :

« MONSEIGNEUR,

» La nouvelle église de Saint-Sever est construite, et l'administration municipale s'apprête, sous les auspices de Votre Grandeur, à l'ouvrir au clergé et aux fidèles de cette paroisse. En présence de cette œuvre, un sentiment naturel nous porte à la considérer, à nous demander si elle répond aux besoins de la population religieuse du quartier, si elle est digne d'une grande cité, digne du culte auquel vous allez la dédier.

» Mais comment, à cette question, ne pas éprouver un mouvement de crainte ? Si nous réfléchissons au caractère de cet édifice, nous comprenons qu'il ne saurait offrir trop de grandeur et de perfection pour sa pieuse destination ; et si nous contemplons, autour de nous, les principaux temples élevés par la ferveur d'un autre âge, il faut bien reconnaître que celui-ci n'approche ni de leurs vastes proportions, ni de leurs magnificence !

» Mais serait-il juste, Messieurs, de blâmer la modestie de cette entreprise ? — Non, sans aucun doute. Les administrateurs et l'homme de l'art qui l'ont projetée et réalisée se seraient laissé facilement entraîner à des conceptions plus grandioses, si l'inflexible nécessité ne les eût contraints d'en braver les séductions. — C'est qu'en effet la richesse publique et la fortune privée ne se concentrent plus aujourd'hui dans les mains qui pouvaient autrefois les consacrer à ces merveilleuses constructions. Et puis, au moment où notre œil contemple l'imposant et splendide ensemble de nos grandes églises catholiques, songeons-nous assez qu'il a fallu souvent plusieurs siècles pour en édifier les diverses parties ?

» De nos jours, la puissance sociale et l'action administrative, avec des ressources restreintes, sont sollicitées par mille devoirs ; tous les grands travaux publics ne s'entreprennent, par suite, que sous la pression de besoins qui ne peuvent plus attendre, et alors même qu'il s'agit d'une église, il faut pour ainsi dire la faire jaillir du sol, en se résignant à de pénibles mais nécessaires sacrifices sous le rapport des dimensions et de la splendeur de l'édifice.

» Si vous voulez vous pénétrer, Messieurs, de cette triste nécessité de créer vite en faisant moins, considérez l'étroite et sombre enceinte où nous sommes réunis ! Voilà, cependant, l'unique asile religieux d'une population de dix-huit mille âmes ! Aussi n'était-ce plus le nombre des années, mais celui des jours qu'il y avait à compter pour donner une nouvelle église à la paroisse Saint-Sever !

» Il fallait cette impérieuse urgence, ne l'oublions pas aujourd'hui, pour que le Conseil municipal votât en 1854 une aussi grande dépense. Nous sortions alors d'une commotion sociale qui avait jeté la ville de Rouen dans une profonde perturbation financière ; de plus, le pays subissait une disette dont les souffrances ont laissé leurs traces dans le vote même de l'impôt et de l'emprunt relatif à cet édifice, car le prix de ses travaux s'y trouve associé aux frais extraordinaires de l'assistance publique. En un tel temps, il n'était pas sans gravité de prélever sur les revenus municipaux les 840,000 francs affectés à cette construction, en dehors des 90,000 francs de la souscription paroissiale. Cette église, d'ailleurs, telle qu'elle est construite, suffisait pour les besoins actuels, et l'on ne doit pas perdre de vue que les rapides accroissements de ce populeux quartier nécessiteront bientôt d'autres temples, dans l'intérêt même du service. J'ose enfin espérer qu'en entrant dans ce nouvel édifice, vous pourrez rendre à ses auteurs et surtout à M. Vachot, son habile architecte, la justice qu'ils n'ont pas méconnu le caractère et la dignité de leur œuvre.

» Je le désire, Messieurs, et je me féliciterai de ce succès, parce que l'honneur en doit rejaillir sur la mémoire de mon honorable prédécesseur. Il y a trois ans à peine, M. Fleury présidait l'Administration municipale à la cérémonie de la pose de la première pierre de cette église, et il pouvait espérer que la Providence lui permettrait aussi de l'inaugurer ! S'il est privé de ce bonheur, proclamons, au moins, que cette œuvre importante couronne bien une carrière administrative qu'il parcourut avec la ferme volonté d'être utile, avec un courage qui se trouva toujours à la hauteur des exigences du repos et du bien public, avec un mérite qui eût semblé plus réel s'il ne se fût voilé sous les abnégations d'une rare modestie.

» Aussi n'eût-il pas été moins heureux que je ne le suis moi-même de rendre grâce, devant cette honorable assemblée, à tous ceux qui lui avaient prêté leur concours pour l'édification de cette église : — au Conseil municipal et à l'autorité supérieure, qui l'avaient soutenu dans cette entreprise ; — au digne pasteur et aux fidèles dont le zèle et la libéralité avaient si bien secondé ses efforts ; — à l'homme de l'art et à l'entrepreneur dont le talent et le labeur consciencieux se révèlent à nos regards ; — au vénérable prélat dont la main a béni les fondements de l'édifice !

» Monseigneur,

» Après le légitime hommage que je viens de rendre à nos coopérateurs, il me reste à vous remercier d'avoir bien voulu présider à cette cérémonie. La bénédiction de la nouvelle église Saint-Sever marquera l'une des grandes œuvres inaugurées dans ce beau diocèse sous votre épiscopat ; elle est un signe du concours que l'édilité rouennaise s'empressera de vous prêter, dans la sphère de son action, pour seconder la piété et la sagesse éclairée de Votre Grandeur dans la réalisation du bien qu'elle veut faire au milieu de nous. »

M. l'abbé Lefebvre, curé de la paroisse, prenant à son tour la parole, s'est exprimé en ces termes :

« MONSEIGNEUR, MONSIEUR LE MAIRE, MESSIEURS,

» Nous lisons dans la sainte Ecriture que lorsque le saint roi David, après avoir fait construire la ville de Jérusalem, si justement appelée la Maison de Dieu, eut fait transporter l'Arche sainte dans ses murs ; considérant dans une vision toute prophétique les nombreuses tribus qui, dans toute la suite des siècles, devaient se presser dans sa vaste enceinte, il ne pouvait contenir la joie dont son âme était inondée. « En » vérité, disait-il, rien ne saurait égaler mon bonheur, en » pensant que dans peu de temps nous prendrons possession

» de cette Maison du Seigneur ! *Lætatus sum in his quæ dicta*
» *sunt mihi ; in domum Domini ibimus.* »

» Ces sentiments, vous le comprenez sans peine, Messieurs,
sont aussi les nôtres. Depuis longtemps, vous le savez, la
paroisse Saint-Sever sollicitait une église qui fût tout à la
fois et plus digne de la majesté du culte divin et plus en
rapport avec sa nombreuse et toujours croissante population. Certes, ces vœux si ardents et si souvent exprimés
n'avaient rien que de bien légitime. — Un dernier regard jeté
sur ce bâtiment, qui seul a si longtemps tenu lieu d'église à
cette importante paroisse, vous le dit assez. — Aussi ne s'est il
jamais rencontré personne qui en ait contesté la légitimité,
et qui n'ait conçu l'espoir de les voir un jour se réaliser.
Comment supposer, en effet, Messieurs, que la ville de Rouen,
qui possède un si grand nombre de monuments religieux
dont elle est si justement jalouse, puisqu'ils font tout à la fois
et son plus bel ornement et l'admiration de tous ses habitants
comme de tous les étrangers ; — comment supposer, dis-je,
que la ville de Rouen eût pu laisser une portion si considérable de sa population dans un pareil dénuement ! N'était-ce
pas le cas, pour le pasteur aussi bien que pour tous les
fidèles, de s'écrier, en empruntant encore les paroles du
prophète royal : « Non, jamais nous ne prendrons de repos,
» jusqu'à ce qu'il soit élevé au milieu de nous un temple au
» Seigneur, un tabernacle au Dieu de Jacob, c'est-à-dire
» jusqu'à ce que sur les ruines de cette antique église une
» autre s'élève et plus vaste et plus majestueuse : *Si dedero*
» *somnum oculis meis, et palpebris meis dormitationem,*
» *donec inveniam locum Domino, tabernaculum Deo Jacob.* »

» Grâces à Dieu, Messieurs, ces vœux ont été entendus, et
grâces au concours, toujours si empressé pour toutes les
œuvres vraiment grandes et utiles, de M. le Sénateur, Préfet ;
grâces au zèle éclairé de M. Fleury, alors maire de Rouen,
à la mémoire duquel je suis heureux de pouvoir payer le
juste tribut de ma reconnaissance, comme à celui de ses

dignes collègues; grâces au concours généreux du Conseil
municipal tout entier, et particulièrement au vôtre, monsieur
le Maire, à qui j'offre en ce moment le témoignage de ma
gratitude la plus sincère et la plus profonde, la ville de
Rouen, en votant une somme de 600,000 fr., à laquelle devait s'ajouter une autre somme de 80,000 fr., produit de
souscriptions, mit un terme à nos incertitudes et le comble à
nos espérances et à nos désirs.

» Ce fut alors que se présenta tout naturellement à notre
esprit, comme elle se grava profondément dans notre cœur,
cette parole du prophète que nous vous citions tout à l'heure :
« Oui, disions-nous dans un véritable sentiment de joie et de
» bonheur, un jour viendra, et il n'est pas loin, où il nous
» sera donné d'aller prier Dieu dans un temple vraiment
» digne de ce nom, dans un lieu vraiment digne d'être ap-
» pelé la Maison du Seigneur : *Lætatus sum in his quæ dicta
» sunt mihi; in domum Domini ibimus..»* — Ce sentiment
de joie mêlé de reconnaissance, comme nous aimions à le
faire partager à tous nos paroissiens, et comme ils aimaient
eux-mêmes à le partager avec nous ! Avec quel bonheur
nous contemplions d'avance, par la pensée, ces nombreuses
tribus, je veux dire ces nombreux fidèles, franchissant les
degrés du temple nouveau pour y venir offrir à Dieu leurs
adorations et solliciter ses grâces : *Illùc enim ascenderunt
tribus Domini !* Qu'il nous tardait de venir prier pour ces
fidèles confiés à nos soins, qui sont l'objet particulier de notre
affection, comme ils doivent l'être de notre zèle et de notre
dévouement! Qu'il nous tardait d'y venir demander à Dieu
qu'il fasse régner parmi eux l'union, la paix, la concorde,
l'amour enfin de toutes les vertus vraiment chrétiennes, qui
non-seulement assurent le bonheur éternel à ceux qui les
pratiquent, mais qui seules peuvent rendre l'homme aussi
heureux qu'il puisse l'être ici-bas : *Rogate quæ ad pacem sunt
Jerusalem !* Qu'il nous tardait d'y venir demander à Dieu que,
en récompense de cette église si splendide que la ville de

Rouen vient aujourd'hui lui offrir par l'organe de son premier magistrat, il daigne accorder à cette antique et religieuse cité tout ce qui peut contribuer à sa splendeur, à sa prospérité, au bonheur de tous ses magistrats et à celui de tous ses habitants : *Propter domum Domini Dei nostri quæsivi bona tibi!* Et croyez, monsieur le Maire, qu'en vous offrant ici le témoignage de ma reconnaissance personnelle, je suis l'interprète fidèle des sentiments de tous mes paroissiens.

» Mais, ce qui jusqu'ici n'avait été que l'objet de nos espérances devient aujourd'hui une réalité. Je m'explique : pour faire un monument vraiment digne de la ville de Rouen, il fallait le concours d'une administration généreuse qui, comprenant toute la grandeur de l'œuvre, sût au besoin ne reculer devant aucun sacrifice pour la rendre digne d'elle et de son objet; il y fallait un architecte habile qui, sachant garder en tout ses plus justes proportions, sût donner à son œuvre un vrai caractère d'élégance sans nuire en rien à sa solidité. Il fallait un entrepreneur consciencieux qui, par le choix des matériaux et la bonne direction du travail, sût au besoin sacrifier ses intérêts à sa parfaite exécution. Il fallait des ouvriers expérimentés entre les mains desquels la pierre et le marbre pussent prendre les formes les plus gracieuses sans leur faire rien perdre d'une noble simplicité; et, si vous ajoutez à tout cela l'art du peintre-verrier, qui sait donner à ses personnages transparents et presque célestes comme les saints qu'ils représentent, une vie toute pleine de grâce et de dignité; qui, tempérant par l'heureux mélange des couleurs l'éclat d'une trop vive lumière, sait donner à nos monuments un caractère religieux qui leur est propre, vous aurez tout ce que l'imagination peut concevoir de plus ravissant et de plus heureux. Eh bien, Messieurs, tout cela, nous le trouvons réuni dans le monument dont les portes vont bientôt s'ouvrir devant vous. Qui n'admirerait, en effet, Messieurs, cette régularité si parfaite dans toutes les proportions de la nouvelle église de Saint-Sever? qui n'admirerait ces voûtes, qui ne le cèdent en rien pour leur grâce comme pour leur solidité à celles de nos monuments les plus vantés? qui n'admirerait ces élégantes rosaces où l'on ne sait que louer le plus ou de l'ingénieuse combinaison des lignes architecturales, ou de l'heureux choix des vives couleurs qui y étincellent? qui n'admirerait surtout cette flèche si élégante et si gracieuse qui la domine, et qui attire et fixe sur elle tous les regards?

» Mais, est-ce assez que tout cela pour que ce monument soit véritablement une église? pour qu'il puisse être appelé la Maison de Dieu? Non, Messieurs; car jusque-là, s'il diffère des édifices ordinaires par la forme, il leur ressemble en tout le reste. Que lui faut-il donc? Ce qu'il lui faut, c'est la consécration; c'est cette bénédiction à laquelle la sainte Eglise notre mère attache un si grand prix qu'elle en fait le privilége exclusif des évêques; c'est cette bénédiction solennelle que va lui conférer notre illustre et vénérable pontife, à la voix duquel vont descendre du ciel les grâces les plus précieuses et les plus abondantes; c'est cette bénédiction solennelle dont vous venez tous, Messieurs, relever l'éclat par votre présence, et dont vous allez tous aussi ressentir, dès aujourd'hui, la salutaire influence.

» Monseigneur, il est assez rare peut-être qu'une même église, nouvellement construite, ait reçu sa double consécration de deux prélats vivants, dont l'un en a pour ainsi dire posé les fondements et l'autre l'a bénite tout entière. C'est un privilége qu'a l'église de Saint-Sever; et, grâces à votre générosité, Monseigneur, envers cette fille bien-aimée de votre ville archiépiscopale, grâces aussi à celles de Mgr Blanquart de Bailleul, votre illustre prédécesseur, qui, comme Votre Grandeur, portait un si grand intérêt à cette belle œuvre, vos deux noms, inscrits sur les deux rosaces latérales de cette église, comme ils le sont en caractères ineffaçables dans nos cœurs, nous rappelleront que vous êtes comme les deux anges tutélaires qui ne cessent de veiller nuit et jour à sa garde; qui ne cessent d'intercéder auprès de Dieu pour les fidèles et pour le pasteur qui ne cesseront jamais eux-mêmes de demander à Dieu qu'il vous rende au centuple ce que vous aurez fait l'un et l'autre aussi généreusement pour eux. »

Immédiatement après ce discours prononcé avec une émotion profondément sentie, et accueilli par d'évidentes marques d'approbation sympathiques, Mgr de Bonnechose, suivi du clergé, a commencé par la bénédiction extérieure les cérémonies prescrites pour la bénédiction d'une nouvelle église ; les portes de l'édifice ayant alors été ouvertes au chant des litanies des saints, Sa Grandeur, après avoir fait la bénédiction intérieure, est allée s'asseoir sur un trône élevé pour elle au côté droit du chœur, pendant que tous les dignitaires et fonctionnaires composant le cortége officiel prenaient place dans le haut de l'église, et qu'une foule de plus en plus compacte d'assistants en envahissait les diverses parties. Puis, au son de toutes les cloches, et au chant du *Pange lingua gloriosi*, M. le curé de Saint-Sever est allé chercher le Saint-Sacrement, qu'il a déposé dans le tabernacle du maître-autel de la nouvelle église.

Monseigneur l'archevêque est ensuite monté en chaire ; et, dans une allocution éloquente et très religieusement écoutée, a développé cette parole de Jacob, à la suite de la vision mystérieuse : « Que ce lieu est terrible ! C'est véritablement la Maison de Dieu et la porte du Ciel ! » « En effet, a dit Sa Grandeur, dont nous regrettons de ne pas pouvoir rapporter les expressions textuelles, c'est toujours un moment bien solennel que celui de la bénédiction d'une église. Livré jusqu'à présent aux usages ordinaires, ce lieu devient la Maison de Dieu même. C'est l'endroit où vont s'établir les rapports entre Dieu et les hommes, entre les hommes et Dieu. Désormais, il va se passer de grandes choses dans ce temple.

» Près d'ici sont les fonts baptismaux où l'enfant recevra la vie de la grâce. Du haut de cette chaire, on entendra retentir l'enseignement donné par Dieu dès l'origine du monde, et qui a paru dans sa totalité par Jésus-Christ, cet enseignement qui reste le même d'âge en âge, et qui, après dix-huit siècles, est toujours lumière et vie pour les générations présentes, comme il le sera pour les générations à venir.

» Voici ce tribunal mystérieux ou, comme nous l'appelons, le tribunal de la pénitence qui reçoit les aveux volontaires et donne en échange le pardon, la paix avec Dieu et des conseils pour entrer dans une voie meilleure. C'est là que l'homme, en proie au désespoir, vient chercher la consolation, et qu'il se relève plus fort et mieux disposé à recommencer avec courage une nouvelle étape de la vie. C'est là qu'il retrouve la liberté morale, la seule noble, la seule vraie, celle sans laquelle toutes les autres libertés sont impossibles. C'est là aussi que se répare le mal.

» A cet autel, actuellement en possession de Dieu, sera offert le sacrifice de la loi nouvelle dont le sacrifice ancien de Melchisédech n'était que la figure, ce sacrifice, dans lequel le Juste se donnera pour les pécheurs, où les iniquités seront lavées dans le sang de l'Homme-Dieu, où chacun puisera les grâces et les secours dont il a besoin, où les cœurs préparés par la pénitence pourront s'abreuver de ce sang divin, de cette nourriture mystérieuse qui faisait autrefois les martyrs.

» Les nouveaux époux viendront ici s'unir devant Dieu, lui demander de bannir de leurs maisons l'esprit de haine et de discorde, le prier de leur accorder la constance, de leur donner des enfants qu'ils sachent élever dans des sentiments chrétiens.

» Si la mort vient à vous séparer de vos parents ou de vos amis, ce sera ici, avant le dernier adieu, que vous joindrez pour eux vos prières à celles de l'Église, que vous supplierez Dieu d'avoir, en les jugeant, plutôt recours à sa bonté et à sa miséricorde qu'à sa justice.

» Dans cette église se trouveront des consolations pour tous les chagrins, des joies pour les circonstances heureuses. Si Dieu nous accorde des événements dont la patrie ait à se réjouir, ce sera ici que l'on viendra l'en remercier ; que si quelque calamité venait au contraire à fondre sur nous, on y verrait encore le peuple à genoux et le prêtre à l'autel, invoquant l'assistance d'en haut; et plus d'une fois, peut-être, quand les ténèbres couvriront la terre, ou le matin avant le jour, quelque mère affligée viendra, dans le secret, y verser sa prière sur le pavé du temple, et Dieu l'exaucera.

» Voilà donc comment l'homme sera ici en communication avec Dieu et comment il y recevra la grâce divine. L'Église est aussi le lieu où l'homme s'améliore et trouve le bonheur. Quelle salutaire influence résultera, en effet, de la fréquentation de ce temple ! Ceux qui y viendront y apprendront leurs destinées ; ils entendront dire qu'ils sont créés à l'image de Dieu, et qu'ils seront récompensés un jour par lui, s'ils sont fidèles à ses prescriptions. Ils connaîtront leurs devoirs de famille et de société, et il leur sera donné le moyen d'accomplir ce qui leur aura été enseigné. Bien des philosophies parlent de devoirs et laissent l'homme sans défense, aux prises avec ses faiblesses. Ici, pas de contradictions. Les devoirs seront indiqués, et la prière permettra de les remplir. Par nous-mêmes, nous en sommes incapables; mais en Dieu résident la force et la grâce qui nous manquent, et cette force et cette grâce s'obtiennent par la sincérité, l'humilité et le repentir. L'homme vient chercher la lumière près de Dieu, et il est éclairé; et les vertus et les qualités dont la pratique lui est révélée et qu'il cherche à acquérir lui servent à atteindre la somme de bien-être qu'il peut légitimement espérer même en ce monde.

» Si cependant il arrive qu'il soit peu favorisé de la fortune, ici il trouvera le remède à ce qui lui fera défaut, et le moyen de se réconcilier avec sa position. Ici, et seulement ici, devront s'éteindre les flammes de l'envie qui dévorent l'indigent ; car il pourra étudier l'exemple de Jésus, fils de Marie, qui, possédant toutes les richesses du monde, les a foulées aux pieds pour en montrer le néant, et qui est mort sur la croix, nu et dépouillé de tout, pour indiquer qu'il est un autre bien plus réel et plus durable. Et ce sera ainsi que l'on pourra s'accoutumer à la patience et à la soumission, ces deux vertus qui sont les meilleures garanties de stabilité que puissent réclamer les sociétés et les États eux-mêmes.

» Ici, enfin, se formeront les enfants dociles, les époux vertueux, les ouvriers actifs et laborieux, les mères dévouées. Où trouver ailleurs autant d'éléments de bonheur ?

» L'Eglise est, comme vous le voyez, un foyer d'amélioration sociale. Vous tous donc, Messieurs, qui avez participé à la construction de cet édifice, soyez-en bénis ! Outre le service que vous avez rendu à la religion, vous avez fait acte de bons citoyens, et la reconnaissance des habitants de cette paroisse vous est acquise. Mais, disons mieux : Dieu vous tiendra compte de votre œuvre ; s'il récompense un verre d'eau donné en son nom, à plus forte raison il vous accordera ses plus douces, ses plus abondantes bénédictions. »

Après ces paroles, dont une sèche et froide analyse à défaut du texte lui-même ne peut malheureusement que gâter la persuasive énergie, Monseigneur a donné le salut et la bénédiction solennelle du Très-Saint-Sacrement. De là, au chant du *Te Deum* qui exprimait si bien la reconnaissance de tous pour l'heureux accomplissement de cette imposante cérémonie, Sa Grandeur a été reconduite au presbytère à quatre heures, et la foule s'est écoulée lentement, doucement impressionnée.

Une quête a été faite, à la porte de l'église, par Mesdames Verdrel et G. Lemarchant, qui étaient accompagnées par M. Pouyer-Quertier, membre de l'Assemblée législative, et par M. Thévenin, conseiller général et administrateur de la paroisse.

Le lendemain, 27 mai 1860, fête de la Pentecôte, à trois heures, Sa Grandeur Monseigneur l'archevêque s'est de nouveau rendue dans l'église de Saint-Sever, précédée par les confréries et par le clergé de la paroisse, et a officié pontificalement aux vêpres. Avant les complies, un très remarquable sermon a été prêché par M. l'abbé Bousquet, professeur de théologie dogmatique au Grand-Séminaire. Une assistance, plus considérable encore que le jour précédent, a prouvé, par son empressement et par son attitude respectueuse et recueillie, combien elle appréciait l'honneur que lui faisait son vénérable prélat, et combien elle était heureuse de posséder enfin une église plus digne du culte catholique et plus en rapport avec les exceptionnelles exigences d'une immense population.

(La reproduction est interdite.)

ROUEN. — IMP. E. CAGNIARD.

TABLE DES MATIÈRES.

PLANCHES.

www.ingramcontent.com/pod-product-compliance
Lightning Source LLC
Chambersburg PA
CBHW061116050726
47594CB00005B/1963